Impressum
Verlag: BABADADA GmbH, Nedderfeld 112 , 22529 Hamburg
Geschäftsführer / Verlagsleitung: Harald Hof
Druck: Books on Demand GmbH, In de Tarpen 42, 22848 Norderstedt

Imprint
Publisher: BABADADA GmbH, Nedderfeld 112 , 22529 Hamburg, Germany
Managing Director / Publishing direction: Harald Hof
Print: Books on Demand GmbH, In de Tarpen 42, 22848 Norderstedt, Germany

# ښوونځی
# kool

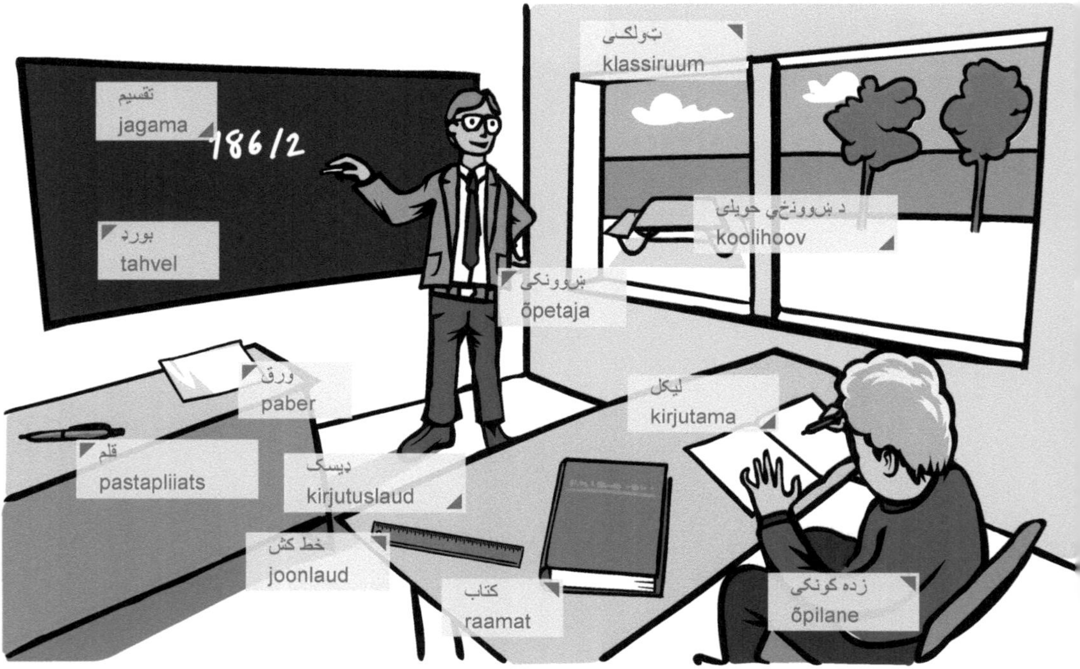

ټولګی
klassiruum
تقسیم
jagama
186/2
بورډ
tahvel
د ښوونځي حویلی
koolihoov
ښوونکی
õpetaja
ورق
paber
لیکل
kirjutama
قلم
pastapliiats
ډیسک
kirjutuslaud
خط کش
joonlaud
کتاب
raamat
زده کونکی
õpilane


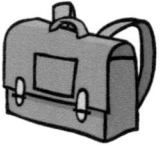

کڅوړه
..................
koolikott

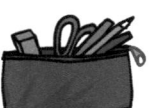

د پنسل بکسه
..................
pinal

پنسل
..................
harilik pliiats

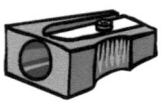

پنسل تراش
..................
pliiatsiteritaja

ربړ
..................
kustukumm

د رسامۍ پاڼه
..................
joonistusplokk

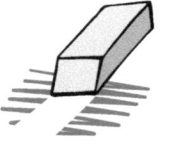

رسامي

joonistus

د نقاشى برس

pintsel

د نقاشى بکس

värvikarp

قيچي

käärid

سریش

liim

د تمرین کتاب

töövihik

کورنى دنده

kodutöö

**12**

شمیر

number

**2+2**

جمع

liitma

**5-2**

منفي

lahutama

**2×2**

ضرب

korrutama

حساب

arvutama

**A**

توری

täht

**ABCDEFG HIJKLMN OPQRSTU VWXYZ**

الفبا

tähestik

**hello**

کلمه

sõna

متن

tekst

لولستبا

lugema

ريريشتبا

kriit

درس

koolitund

رتسجار

klassipäevik

ازموينه

eksam

تصديق پاڼه

tunnistus

د ښوونځي يونيفارم

koolivorm

تعليم

haridus

دايره المعارف

entsüklopeedia

پوهنتون

ülikool

پوكسوركيام

mikroskoop

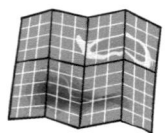

نقشه

kaart

اشغالدانى

paberikorv

# سفر

# reisimine

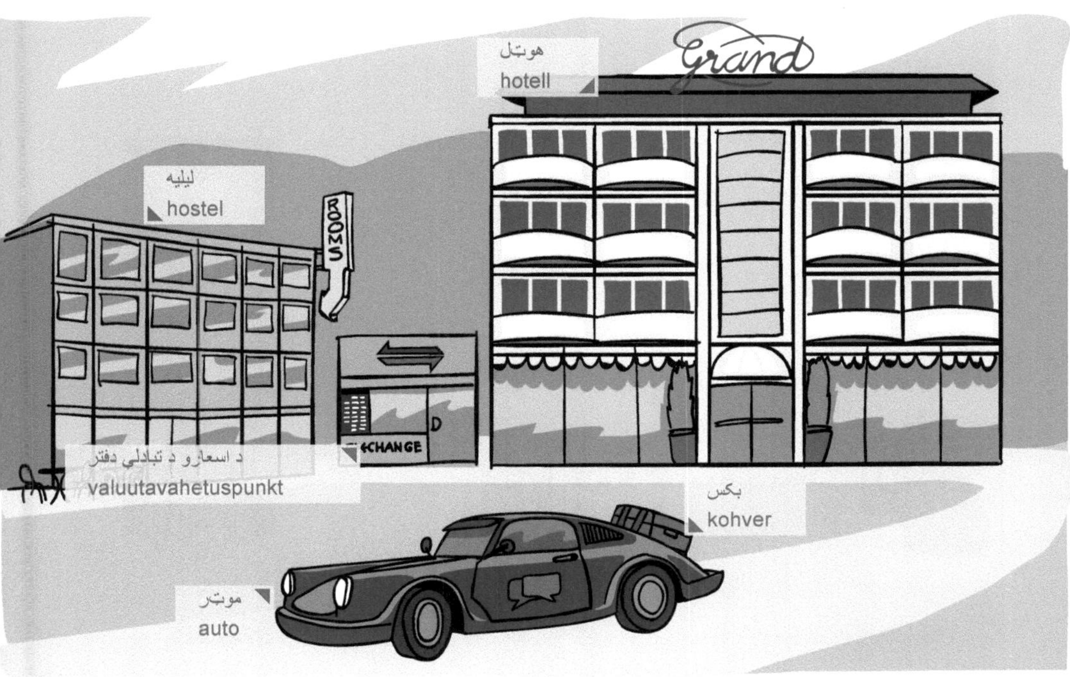

هوټل
hotell
Grand
لیلیه
hostel
ROOMS
د اسعارو د تبادلې دفتر
valuutavahetuspunkt
بکس
kohver
موټر
auto


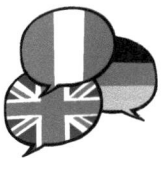

ژبه

keel

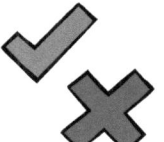

هو/نه

jah / ei

سمه ده

okei

سلام

Tere!

ژباړونکی

tõlk

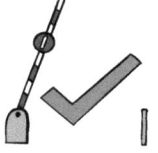

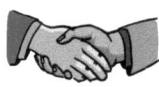

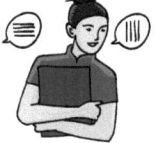

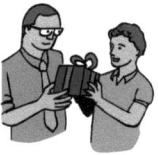

مننه

Aitäh!

کو مره دي...؟

Kui palju maksab …?

ز ه نه پوهيږم

Ma ei saa aru

ستونزه

probleem

ماښام مو پخير!

Tere õhtust!

سهار په خير!

Tere hommikust!

شپه په خير!

Head ööd!

په مخه مو ښه

Head aega!

لاريشود

suund

سامان

pagas

بيگ

kott

شاتنی بکس

seljakott

ميلمه

külaline

خونه

tuba

د خوب کڅوره

magamiskott

خيمه

telk

د توریزم معلومات

turismiinfo

ساحل

rand

کریدیت کارت

krediitkaart

ناری

hommikusöök

د غرمي خواره

lõunasöök

د ښپي خواره

õhtusöök

تېکټ

pilet

لفټ

lift

مهر

postmark

پوله

riigipiir

کمرک

toll

سفارت

saatkond

ویزه

viisa

پاسپورت

pass

الوتکه
lennuk

بیری
laev

د اور ماشین
tuletõrjeauto

بس
buss

تـرک
veoauto

موټرکشـتی
mootorpaat

بایک
jalgratas

موټر
auto

کښـتی
praam

کښـتی
paat

موترسایکل
mootorratas

د پولیسو موټر
politseiauto

د ریس موټر
võidusõiduauto

کرایی موټر
rendiauto

د کرايه موټری

ühisauto

کرکټ ونکی لرل قیلج

puksiirauto

کرکټ زویفير

prügiauto

موټر

mootor

 کوټ کنوس

kütus

پټرول ستيشن

tankla

ټرافيکي نښه

liiklusmärk

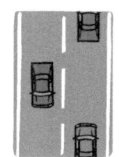

ټرافيک

liiklus

ټرافيک ماج

liiklusummik

د موټرو تمځخای

parkla

د ريل ستيشن

raudteejaam

پاټکي

rööpad

ريل

rong

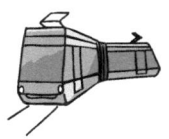

ټرام

tramm

واگون

vagun

چورلکه

helikopter

هوایي ډګر

lennujaam

برج

torn

مسافر

reisija

کانتينر

konteiner

کارتون

pappkast

کارت

käru

ټوکری

korv

الوتنه کول/کښېناستل

õhku tõusma / maanduma

## بن ار

# linn

کلی

küla

د بن ار مرکز

kesklinn

کور

maja

سینما
kino

اعلان
reklaam

د کوڅې لامپ
tänavalatern

کوڅه
tänav

ټیکسي
takso

د خوارو پلورنځی
kiosk

پیاده
jalakäija

پلی لاره
kõnnitee

د تیریدو لاره
ristmik

د سړک څخه تیریدو لاره
ülekäigurada

اشغالدانی (لوی)
prügikonteiner

د ترافیک څراغونه
valgusfoor

کوډله

osmik

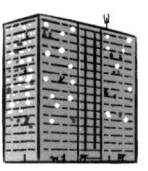

اپارتمان

kortermaja

د ریل ستیشن

raudteejaam

ټاون هال

raekoda

میوزیم

muuseum

ښوونځی

kool

پوهنتون

ülikool

بانک

pank

روغتون

haigla

هوټل

hotell

درملتون

apteek

دفتر

kontor

کتاب پلورنځی

raamatupood

پلورنځی

kauplus

د ګلانو پلورنځی

lillepood

لوی پلورنځی

supermarket

مارکیټ

turg

د ډیپارټمنټ سټور

kaubamaja

کب پلورنځی

kalapood

د پلور مرکز

kaubanduskeskus

لنګرتون

sadam

پارک

park

بینچ

pink

پل

sild

زینه

trepp

د ځمکې لاندی

metroo

تونل

tunnel

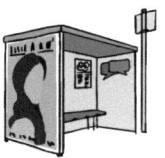

بس تمځای

bussipeatus

بار

baar

ریستورانت

restoran

پوست بکس

postkast

د کوڅې نښه

tänavasilt

د پارک کولو میتر

parkimisautomaat

ژوبڼ

loomaaed

د لامبو حوض

ujula

مسجد

mošee

كروندە

talu

ناپاكي

reostus

هديرە

surnuaed

چرچ

kirik

د لوبو ډكر

mänguväljak

معبد/كليسا

tempel

## منظرە

# maastik

leht — پاڼه

teeviit — د لارښوونې نښه

tee — لارە

aas — چمن

kivi — كاڼى

puu — وڼه

matkaja — هيكر

jõgi — سيند

rohi — واښه

lill — گل

دره

org

غوندی

mägi

ناوور

järv

خنگل

mets

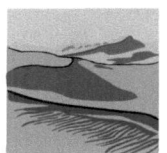

دشته

kõrb

اورشینندی

vulkaan

كلا

linnus

رنگین کمان

vikerkaar

مرخيري

seen

پلم ونه

palm

ماشي

sääsk

الوتل

kärbes

ميزی

sipelgas

مچی

mesilane

غوندی/جولا

ämblik

كونگىت

mardikas

چونگىش‌ھ

konn

نولى

orav

زیرىكى

siil

سوی

jänes

كونگ

öökull

مرغئ

lind

قازه

luik

نرخوگ

metssiga

هوسى

hirv

گاوزه

põder

بند

pais

بادي توربين

tuuleturbiin

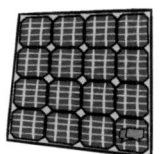

سولر تختى

päikesepaneel

اقليم

kliima

پیشخدمت
kelner

مینو
menüü

چوکی
tool

سوپ
supp

پیزا
pitsa

بسلاخی، چاقو، کاشوغه
söögiriistad

د ميز تـوتـنه
laudlina

ستـارتر
eelroog

اصلي خواره
pearoog

شیرني
magustoit

څښاک
joogid

خواره
toit

بوتل
pudel

فاسټ فوډ

kiirtoit

د کوڅي خواره

tänavatoit

چای جوش

teekann

قندانی

suhkrutoos

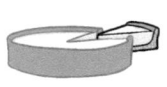

برخه

portsjon

اسپرسو مشین

espressomasin

لوره چوکی

lastetool

رسید

arve

مجمه

kandik

چاکو

nuga

پنجه

kahvel

قاشق

lusikas

چای قاشق

teelusikas

سورویت

salvrätik

ګلاس

klaas

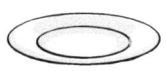

پلیت

taldrik

د سوپ پلیت

supitaldrik

نالبیکی

alustass

ساس

kaste

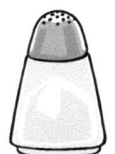

مالکه شیندونکی

soolatoos

د مرچ تکولو لوخی

pipraveski

سرکه

äädikas

يروغ

õli

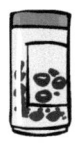

مساله

vürtsid

کچپ اپ

ketšup

مشرشُ

sinep

کهچ

majonees

# لوی پلورنځی
## supermarket

خانګړی وړاندیز
eripakkumine
FOR
پیرودونکی
klient
لبنیات
piimatooted
میوه
puuviljad
لاسي ګړخ
ostukäru


BUTCHERS


قصابي

lihapood

BAKERY


نانوایی

pagariäri

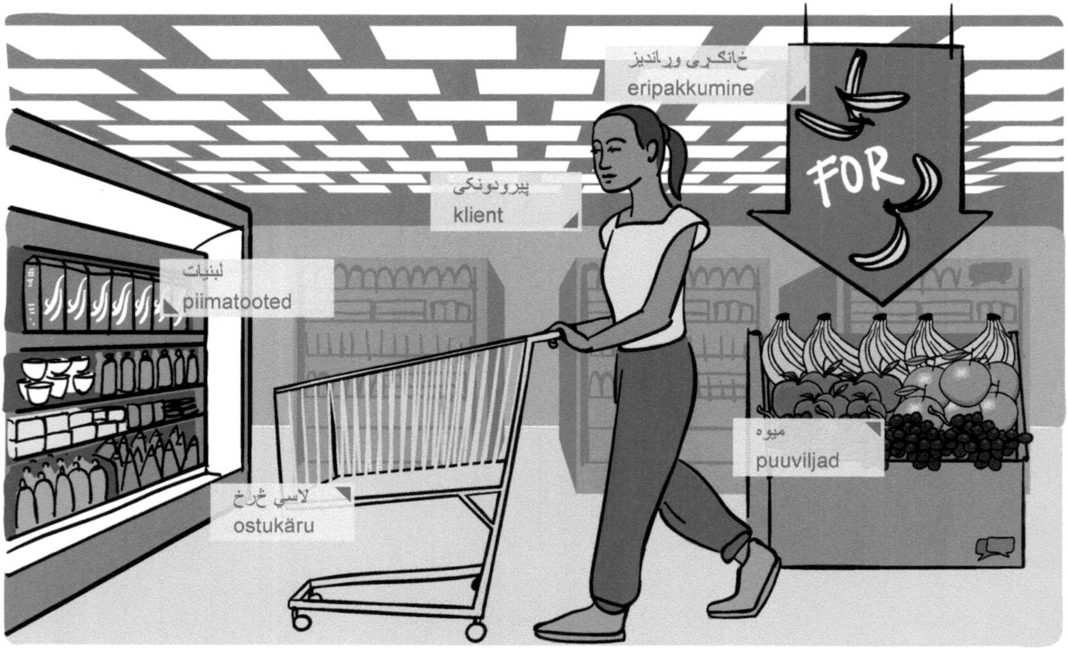

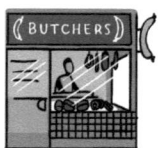

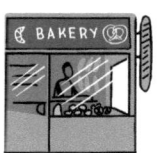

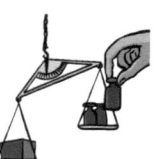

وزن کول

kaaluma

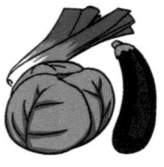

سبزیجات

köögiviljad

غوښه

liha

کنګل خواړه

külmutatud toit

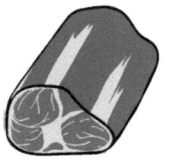

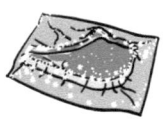

هبغوښ يخه

lihalõigud

هراوخا واسرنک

konservid

د وللوپوڼيخد ميم

pesupulber

ينيرش

maiustused

تاديلوت ينرک

majatarbed

تالوصحم ولوکاپ د

puhastustooted

درف رولپ د

müüja

رتسجار يدغن د

kassaaparaat

فراص

kassapidaja

تسيل دودريپ د

ostunimekiri

هنوتعاس يراک

lahtiolekuajad

هوتب

rahakott

تراک ټيبيدرک

krediitkaart

هروڅک

kott

هروڅک کيتسالپ

kilekott

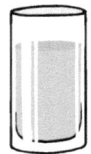

اوبه

vesi

جوس

mahl

ثمیده

piim

کوک

koola

واین

vein

بیر

õlu

الكول

alkohol

ككاو

kakao

چای

tee

كافي

kohv

اسپرسو

espresso

کپچینو

cappuccino

کیله

banaan

مڼه

õun

نارنج

apelsin

هندوانه

arbuus

لیمو

sidrun

گازره

porgand

هوږه

küüslauk

بانسک

bambus

پياز

sibul

مرخیړي

seen

چغزی

pähklid

آش

nuudlid

سپیگـتٍي
........................
spagetid

وريجي
........................
riis

سلاد
........................
salat

چپس
........................
friikartulid

سره كري كچالو
........................
praekartulid

پیزا
........................
pitsa

همبرگر
........................
hamburger

ساندویچ
........................
võileib

كتره
........................
šnitsel

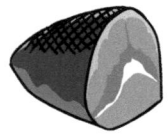

د پتون غوښه
........................
sink

سلمي
........................
salaami

ساسچ
........................
vorst

چرگ
........................
kana

روسټ
........................
praeliha

كب
........................
kala

د وربشى شیرنی

kaerahelbed

موسلي

müsli

د جوار پلى

maisihelbed

اوړه

jahu

کروسانت

sarvesai

د ډوډۍ رول

kukkel

ډوډۍ

leib

ټوسټ

röstsai

بسکیټ

küpsised

کوچ

või

چکه

kohupiim

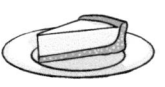

کیک

kook

هګۍ

muna

پخ‌ی هګۍ

praemuna

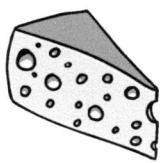

پنیر

juust

خواړه - toit

آیس کریم

jäätis

بوره

suhkur

شهد

mesi

مربا

moos

نوگات کریم

pähklivõie

کورکمان

karri

# کرونده
# talu

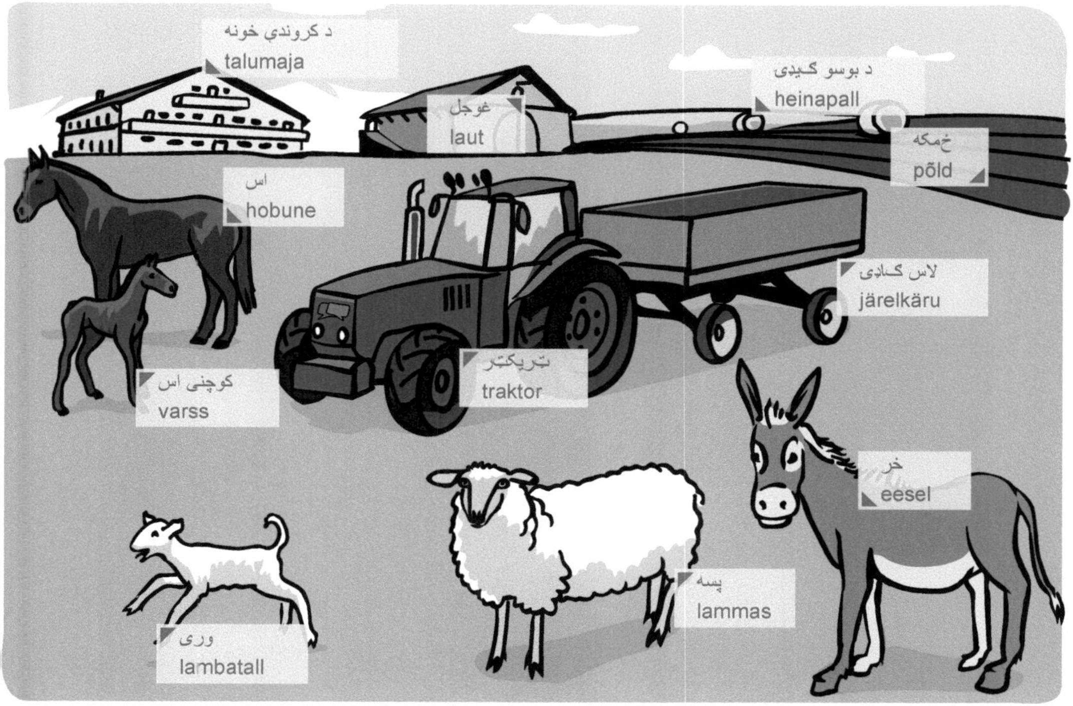
د کروندې خونه
talumaja
غوجل
laut
د بوسو ګیډی
heinapall
ځمکه
põld
اس
hobune
لاس ګاډی
järelkäru
کوچنی اس
varss
ټریکټر
traktor
خر
eesel
پسه
lammas
وری
lambatall

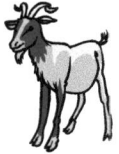

وزه
kits

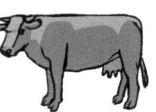

غوا
lehm

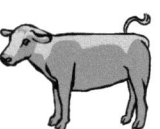

خوسکی
vasikas

خوګ
siga

د خوګ بچی
põrsas

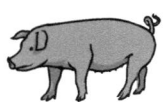

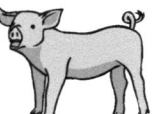

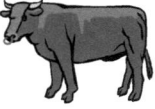

غویی
pull

بتہ

hani

هیلئ

part

چرگوړی

tibu

چرګه

kana

بانګي

kukk

سارای موږک

rott

پیشک

kass

موږک

hiir

غویی

härg

سپی

koer

د سپي خونه

koerakuut

د باغ هوز

aiavoolik

د اوبو لوخی

kastekann

لور (داس)

vikat

یوی

ader

لور
sirp

رمبی
kõblas

باخی
hang

تبر
kirves

کراچی
käru

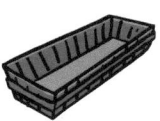

هاوه‌ن
küna

د شیدو لوخی
piimanõu

جوال
kott

کتباره
tara

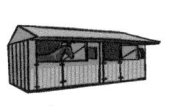

مضبوط
tall

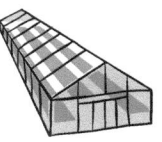

شنه خونه
kasvuhoone

خاوره
muld

تخم
seeme

کود/ه‌سر
väetis

گد ریبونکی ماشین
kombain

زيرمه کول
saaki koristama

درمند
saagikoristus

خواړه کچالو
jamss

غنم
nisu

سويا
soja

کچالو
kartul

جوار
mais

نباتي تخم
raps

د ميوي ونه
viljapuu

مانيوک
maniokk

غله
teravili

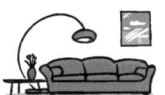

# کور
# maja

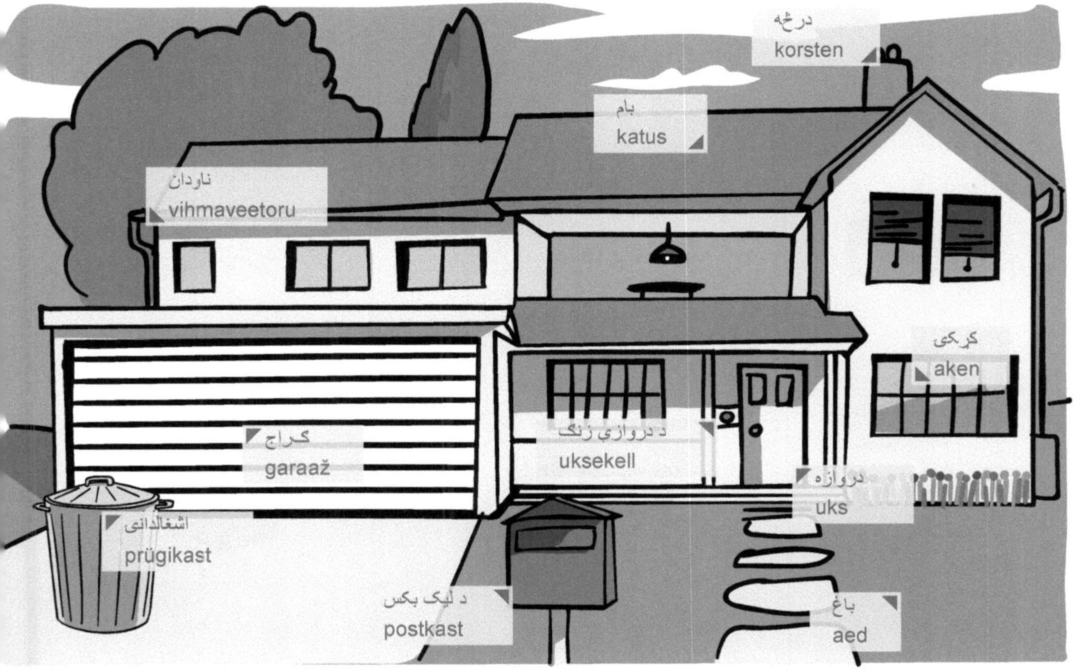

درځه
korsten
بام
katus
ناودان
vihmaveetoru
کړکۍ
aken
ګراج
garaaž
د دروازې زنګ
uksekell
دروازه
uks
اشغالدانی
prügikast
د لیک بکس
postkast
باغ
aed


د اوسیدو خونه

elutuba

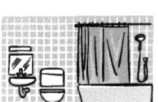

حمام

vannituba

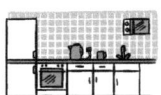

پخلنځی

köök

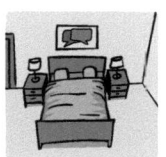

د ویده کیدو خونه

magamistuba

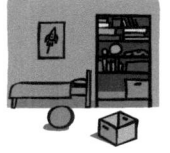

د ماشوم خونه

lastetuba

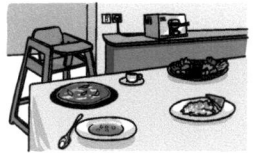

د خوارو خونه

söögituba

فرش

põrand

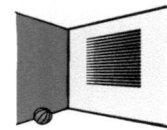

الوادي

sein

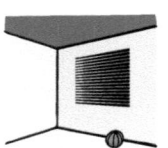

چت

lagi

زيرخانه

kelder

ساونا

saun

بالكوني

rõdu

ساتر

terrass

حوض

bassein

د چمن وهلو ماشين

muruniiduk

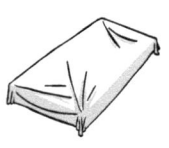

شيت

voodilina

روجايى

päevatekk

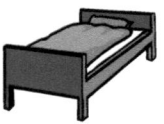

تخت

voodi

جارو

luud

کهبو

ämber

سويچ

lüliti

# elutuba

والپيپر
tapeet
عکس
pilt
لامپ
lamp
شیلف
riiul
الماری
kapp
تلویزیون
televiisor
نغری
kamin
ګل
lill
بالښت
padi
صوفه
diivan
ګلدانی
vaas
ريموټ کنټرول
kaugjuhtimispult

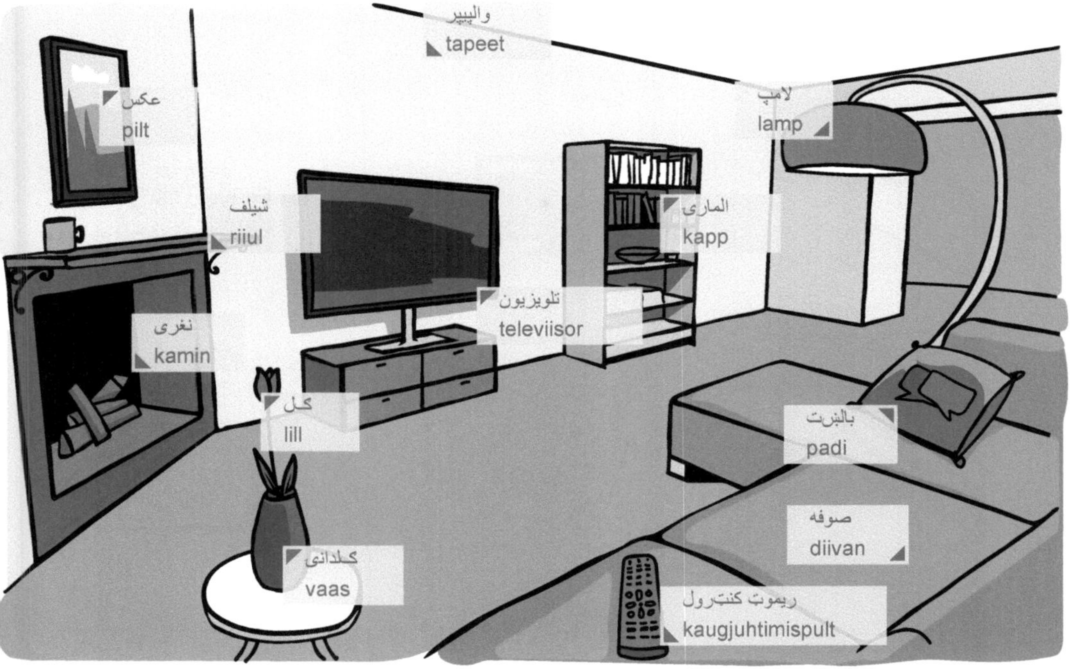

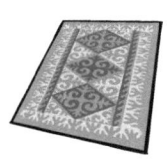

غالی
vaip

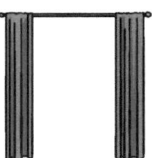

پرده
kardin

میز
laud

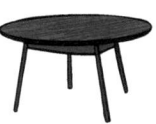

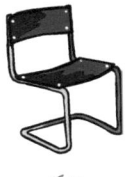

چوکی
tool

تاويدونکي چوکی
kiiktool

بازو لرونکی چوکی
tugitool

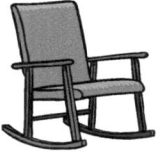

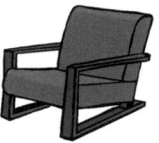

كتاب

raamat

كمپل

tekk

ديكوريشن

kaunistus

د اور لرګي

küttepuud

فلم

film

هايفاى

helisüsteem

كلي

võti

ورځپاڼه

ajaleht

نقاشي

maal

پوستّر

plakat

راډيو

raadio

كتابچه

märkmik

واكيوم جارو

tolmuimeja

كاكتوس

kaktus

شمع

küünal

# پخلنځی
# köök

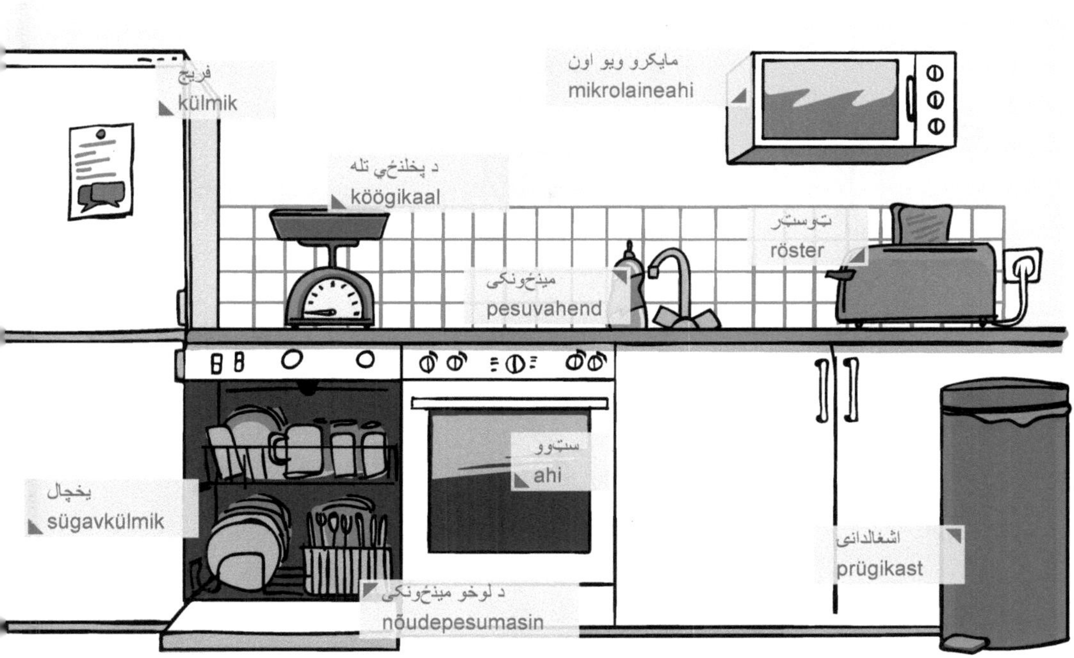
فریج
külmik
مایکرو ویو اون
mikrolaineahi
د پخلنځي تله
köögikaal
ټوسټر
röster
مینځونکی
pesuvahend
سټوو
ahi
یخچال
sügavkülmik
اشغالدانی
prügikast
د لوخو مینځونکی
nõudepesumasin

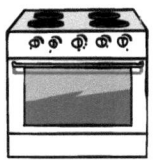

دیګ بخار
..................
pliit

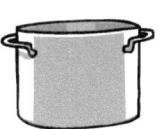

لوخی
..................
pott

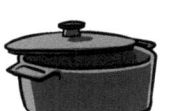

چدني لوخی
..................
malmpott

ووک
..................
vokkpann

د تلي په
..................
pann

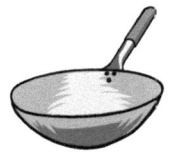

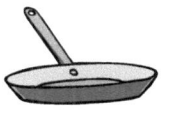

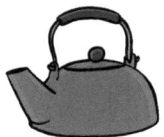

چای جوش
..................
veekeetja

د بخار ديگ

aurutaja

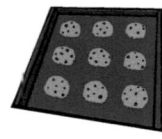

پتنوس

küpsetusplaat

لوخي

lauanõud

مگ

kruus

كاسه

kauss

د رانيولو اوزار

söögipulgad

څمڅی

kulp

كفگير

pannilabidas

پاكونكى

vispel

صافي

kurn

غلبيل

sõel

کريتر

riiv

اونگ

uhmer

بار بي كيو

grill

خلاص اور

lahtine tuli

تخته
.................
lõikelaud

هوٰارونکی
.................
tainarull

کارک سکریو
.................
korgitser

ټیم
.................
konservipurk

د ټیم خلاصونکی
.................
konserviavaja

د لوخي تروتره
.................
pajakinnas

ظرف شوی
.................
kraanikauss

برس
.................
hari

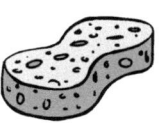

سپنج
.................
pesukäsn

بلیندر
.................
kannmikser

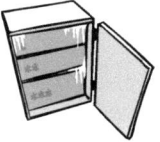

ژور یخچال
.................
sügavkülmuti

د ماشوم بوتل
.................
lutipudel

نل
.................
segisti

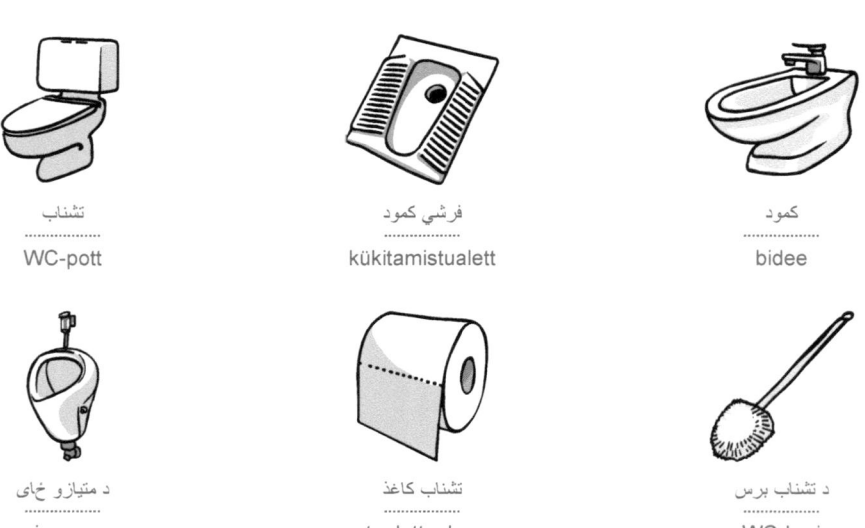

# حمام

# vannituba

تودول
küte
جان پاک
käterätik
بېل حمام
mullivann
د حمام ټب
vann
د مینځلو مشین
pesumasin
ټایلونه
plaadid
یو دول کموډ
pissipott
شاور
dušš
د شاور پرده
dušikardin
ګلاس
klaas
نل
segisti
ظرف شوی
kraanikauss


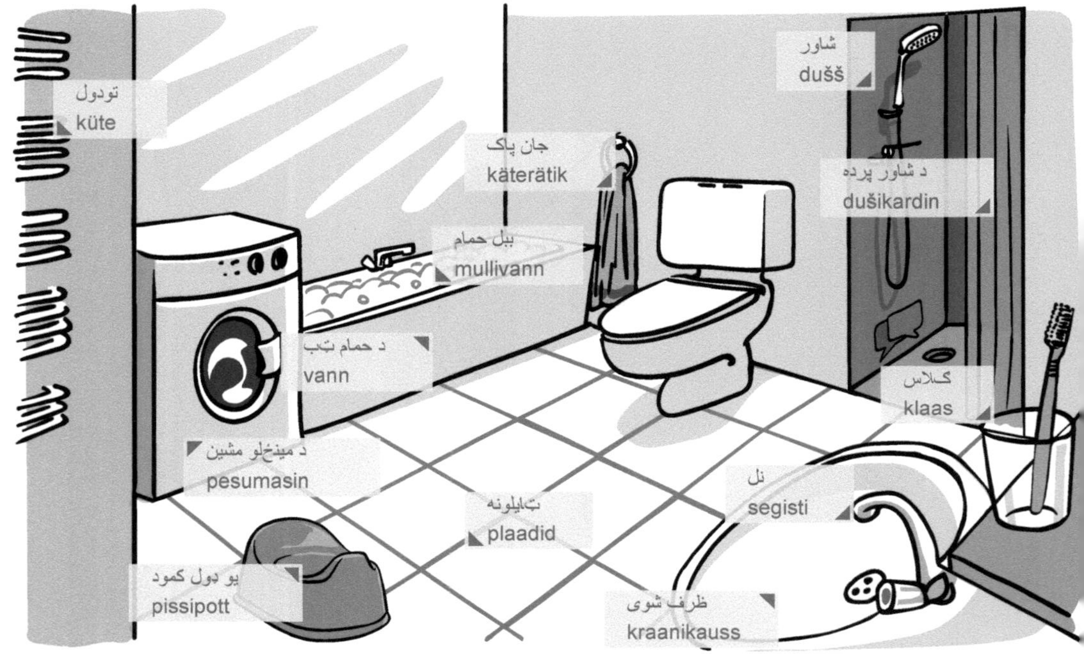

تشناب

WC-pott

فرشي کمود

kükitamistualett

کمود

bidee

د متیازو خای

pissuaar

تشناب کاغذ

tualettpaber

د تشناب برس

WC-hari

د غاښونو برس

hambahari

د غاښونو کریم

hambapasta

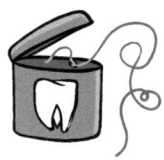

د غاښونو نخ

hambaniit

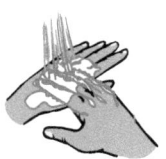

لمینځل

pesema

لاسي شاور

käsidušš

شوډ

intiimdušš

کاسه

pesukauss

د شا برس

seljahari

صابون

seep

د شاور ژل

dušigeel

شامپو

šampoon

هامه فلانل

vamm

لوچو

äravool

کریم

kreem

سپری

deodorant

آینه

peegel

آینه یساڵ

käsipeegel

رزیر

habemenuga

د خریلو فوم

raseerimisvaht

د خریلو وروسته

habemevesi

خمنځگ

kamm

سرس

hari

د ویښتانو وچونکی

föön

د ویښتانو سپری

juukselakk

میک اپ

meigikomplekt

لیپ ستیک

huulepulk

د نوکانو پالش

küünelakk

کاتن وری

vatt

ناخن گیر

küünekäärid

عطر

parfüüm

حمام - vannituba

ده روغوكخلو دميم
tualett-tarvete kott

لوست
taburet

دهلت كولو نزو د
kaal

كاشبيوپ حمام د
hommikumantel

شكتسدستكش د ربر د
kummikindad

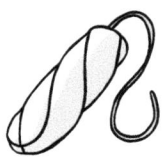

نويمپات
tampoon

پاک جان یی صحیح
hügieeniside

كيميكل تنشت باننش
keemiline tualett

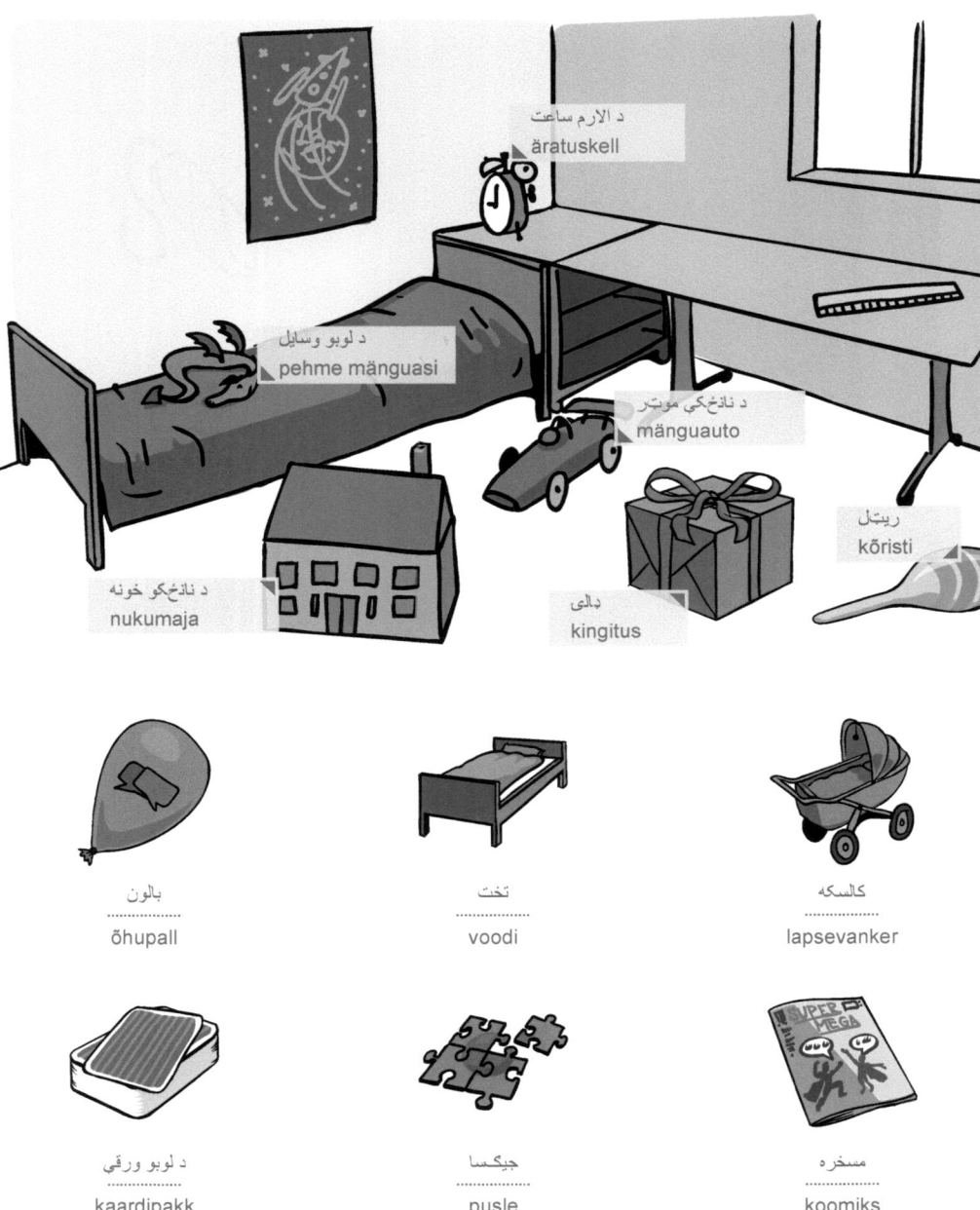

د الارم ساعت
äratuskell

د لوبو وسایل
pehme mänguasi

د ناډخکی موټر
mänguauto

ریتل
kõristi

د ناډخکو خونه
nukumaja

ډالۍ
kingitus

بالون
õhupall

تخت
voodi

کالسکه
lapsevanker

د لوبو ورقي
kaardipakk

جیګسا
pusle

مسخره
koomiks

لیگو بریک

Lego klotsid

د ناذخُنن بلاک

klotsid

د اكشن فيكور

kujuke

دـ ماشوم پوبشاک

siputuspüksid

فریزبي

lendav taldrik

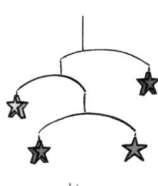

موبايل

voodikarussell

بوورد لوبه

lauamäng

ساس

täringud

مادل ریل سیت

mudelrong

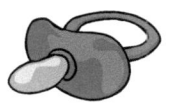

گونگشی

lutt

پارتي

pidu

د عكسونو البوم

pildiraamat

بال

pall

ناذخُكه

nukk

لولبيدل

mängima

د شکو کنده

liivakast

سوینک

kiik

نازخکی

mänguasjad

د ویدیو لوبو کنسول

mängukonsool

ترای سایکل

kolmerattaline jalgratas

گوډکه

mängukaru

د کالو الماری

riidekapp

جرابی

sokid

لوري جرابی

sukad

ستایتس

sukkpüksid

زروکی
sall

کمربند
vöö

چتری
vihmavari

تي شرت
T-särk

سنیکر
tossud

بوتان
saapad

سلیپر
sussid

سیندل
......................
sandaalid

بوتان
......................
jalatsid

د ربر بوتان
......................
kummikud

زیرنیکري
......................
aluspüksid

سینه بند
......................
rinnahoidja

واسکت
......................
vest

بادي

bodi

پتلون

püksid

جينز

teksapüksid

لمن

seelik

بلاوز

pluus

شرت

särk

بنيان

sviiter

سويتر

dressipluus

بليزر

bleiser

جاكت

jakk

كوت

mantel

د باران كوت

vihmamantel

پوښاک

kostüüm

كالي

kleit

د واده پوښاک

pulmakleit

دريشي

ülikond

د شپي پوښاک

öösärk

پاجامه

pidžaama

ساري

sari

لوپیټه

pearätt

پټکی

turban

برقه

burka

كفتن

kaftan

عبا

abayah

د لامبو پوښاک

ujumistrikoo

نیکر

ujumispüksid

شارټ

lühikesed püksid

د خغاستی پوښاک

dressid

پیش بند

põll

دستكش

kindad

بتّن

nööp

عینک

prillid

لاس بند

käevõru

غاره کی

kaelakee

گوتمه

sõrmus

غوږوالی

kõrvarõngas

خولی

nokamüts

کوت بند

riidepuu

خولی

kaabu

ټایی

lips

ځنځیر

tõmblukk

هیلمیټ

kiiver

ټرونکی

traksid

د ښوونخي یونیفارم

koolivorm

یونیفارم

vormirõivad

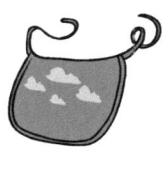

بيب

pudipõll

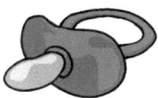

ګونګشی

lutt

نيپي

mähe

# دفتر

# kontor

سرور
server
د دوسيه الماری
arhiivikapp
پرينټر
printer
ورق
paber
مانيټور
monitor
ماوس
hiir
ډيسک
kirjutuslaud
فولډر
kaust
کي بورډ
klaviatuur
اشغالدانی
paberikorv
کمپيوټر
arvuti
چوکی
tool


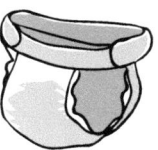

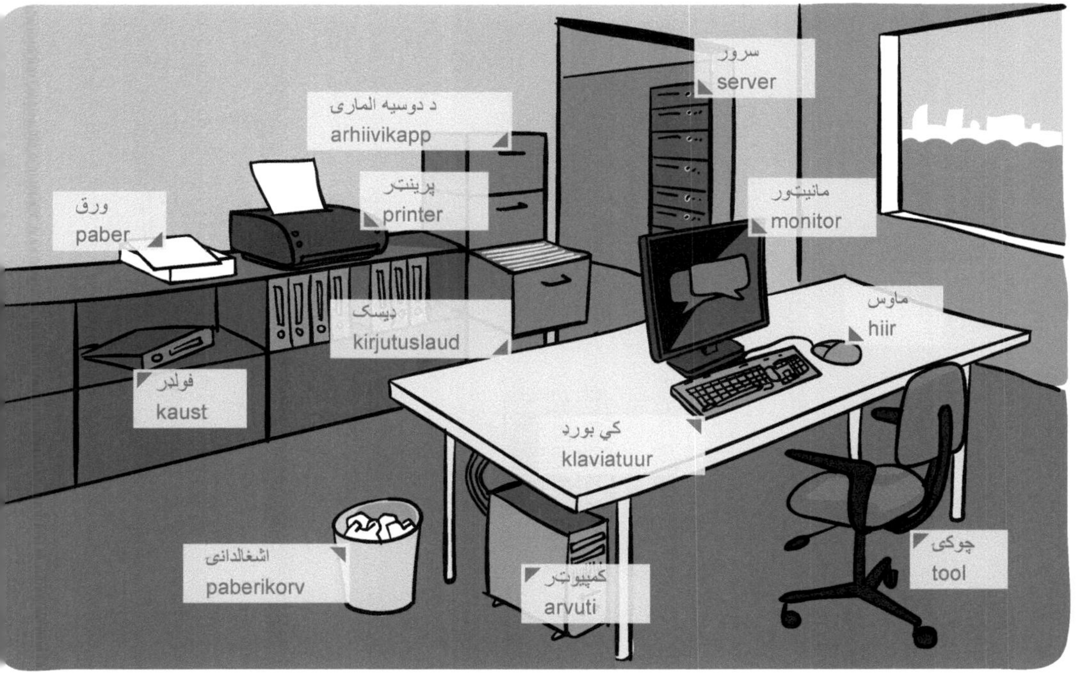

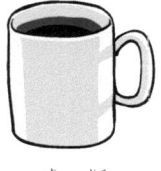

د کافي پياله

kohvikruus

کالکوليټر

kalkulaator

انټرنيټ

internet

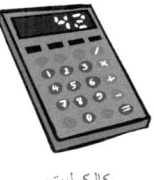

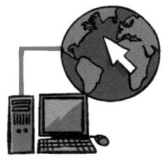

لپ تاپ

sülearvuti

کیل

kiri

پیغام

sõnum

موبایل

mobiiltelefon

کرتوبتین

võrk

فوتوکاپیر

koopiamasin

سافتویر

tarkvara

تلیفون

telefon

پلک ساکت

pistikupesa

فکس مشین

faksimasin

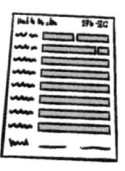

فارم

vorm

سند

dokument

لرپ

ostma

كول هيداتا

maksma

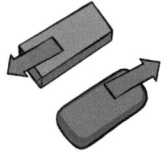
كول يركادوس

vahetama

سيپپ

raha

رلاد

dollar

ورروي

euro

ين

jeen

لبر

rubla

كنارف يسيوس

Šveitsi frank

ناوي يبنيمينير

renminbi jüaan

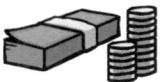
يپور

ruupia

یاخ وسيپ يدغن د

sularahaautomaat

د اسعارو د تبادلي دفتر

valuutavahetuspunkt

سره زر

kuld

سپین زر

hõbe

تیل

nafta

انرژي

energia

نرخ

hind

قرارداد

leping

مالیه

maks

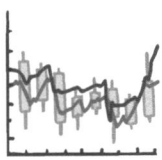

اسهام

aktsia

کار کول

töötama

کارمند

töötaja

کار ګوماروونکی

tööandja

فابریکه

tehas

پلورنځی

kauplus

# مسلکونه

# ametid

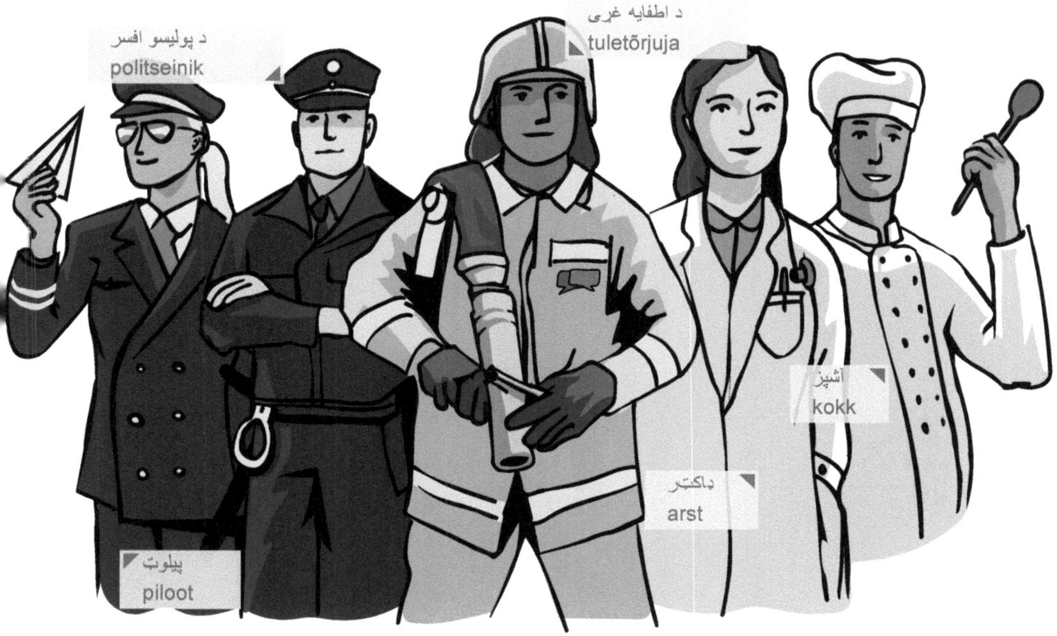
د پولیسو افسر
politseinik
د اطفایه غری
tuletõrjuja
آشپز
kokk
داکتر
arst
پیلوټ
piloot

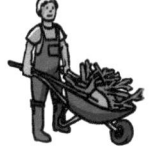

باغوان

aednik

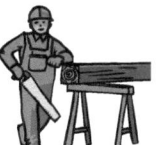

نجار

puusepp

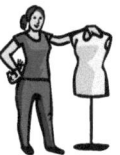

خياط

õmbleja

قاضي

kohtunik

کيميا پوه

keemik

د فلم لوبغاړی

näitleja

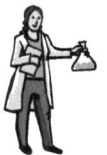

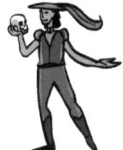

د بس ډرايور

bussijuht

د ټيکسي ډرايور

taksojuht

کب نيونکی

kalamees

خدمه

koristaja

بام جوړونکی

katusepaigaldaja

پيشخدمت

kelner

ښکاري

jahimees

نقاش

maaler

نانوا

pagar

د بریښنا کارکونکی

elektrik

تعمير جوړونکی

ehitaja

انجنير

insener

قصاب

lihunik

نلدوان

torumees

پوست رسونکی

postiljon

سرتيری

sõdur

مهندس

arhitekt

صراف

kassapidaja

ماليار

lillemüüja

نایی

juuksur

کليندر

piletikontrolör

میکانیک

mehaanik

کپتان

kapten

د غاښونو ډاکتر

hambaarst

ساینس پوه

teadlane

شاغلی

rabi

امام

imaam

مذهبی نفر

munk

پادري

preester

# لوازم
# tööriistad

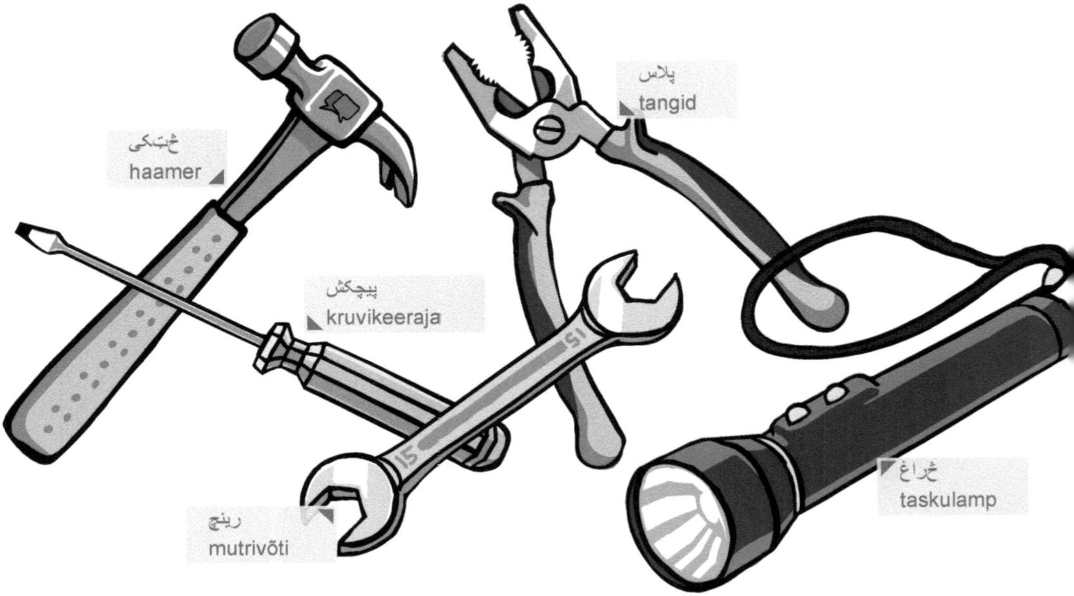

څټکی
haamer
پلاس
tangid
پیچکش
kruvikeeraja
رینچ
mutrivõti
څراغ
taskulamp


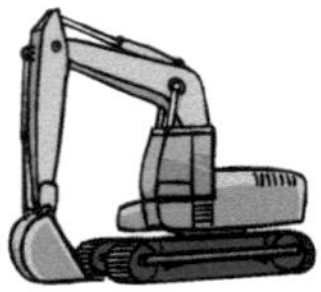

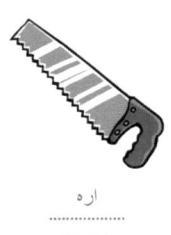

کنستونکی

ekskavaator

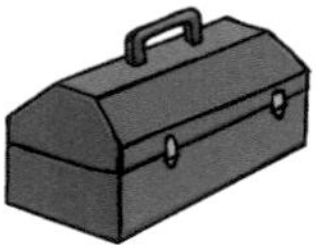

د لوازمو بکس

tööriistakast

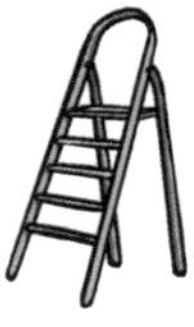

زینه

redel

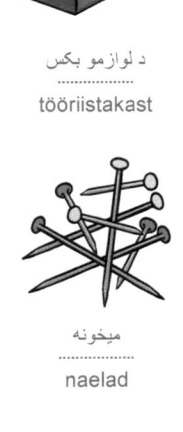

اره

saag

میخونه

naelad

برمه

trell

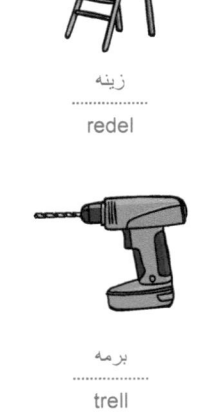

ترمیم کول

parandama

بیل

labidas

لعنت!

Põrgusse!

خاک انداز

kühvel

مشوانی

värvipott

پېچونه

kruvid

## د میوزیک آلات

## pillid

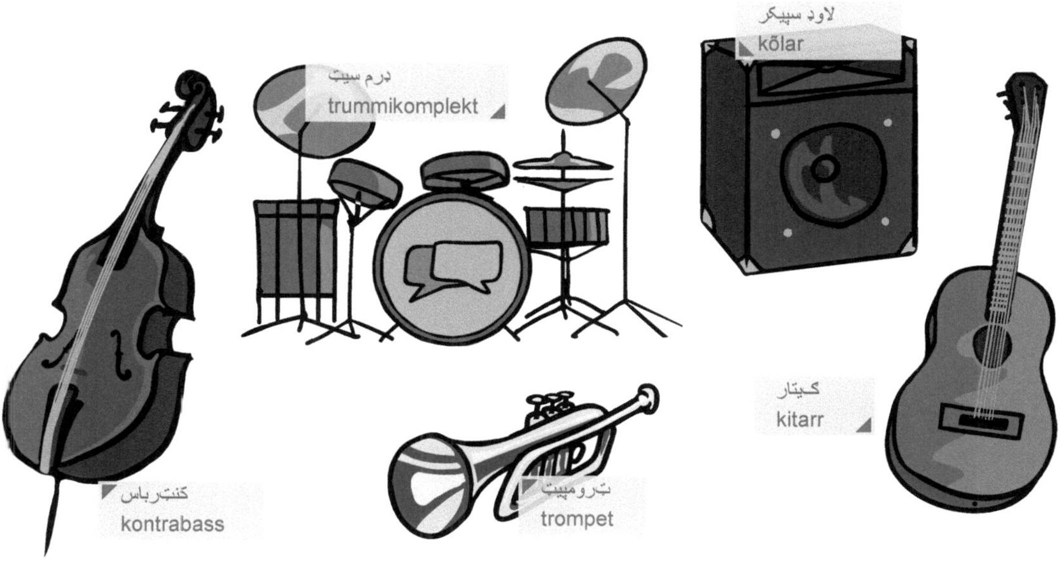

درم سیټ
trummikomplekt

لاود سپیکر
kõlar

کیتار
kitarr

کنټرباس
kontrabass

ترومپیټ
trompet

پیانو

klaver

وایلن

viiul

باس

bass

نغاره

timpan

درمونه

trummid

درب کي

süntesaator

سیکسافون

saksofon

ښپیلی

flööt

مایکروفون

mikrofon

# ژوبڼ
# loomaaed

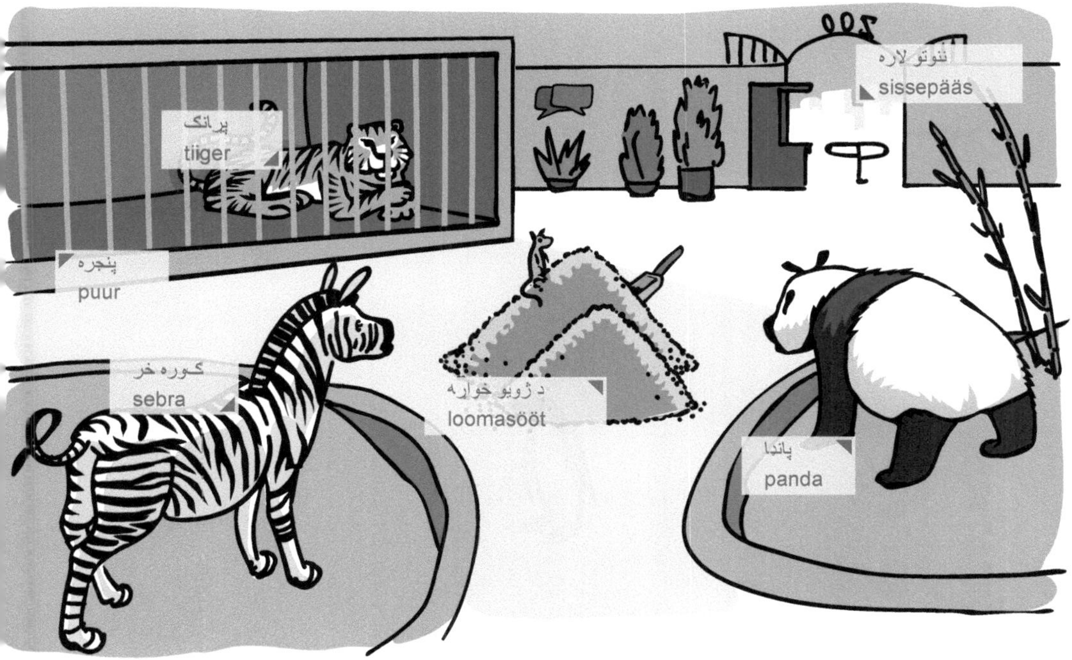

پرانګ
tiiger
ننوتو لاره
sissepääs
پنجره
puur
ګوره خر
sebra
د ژویو خواړه
loomasööt
پاندا
panda


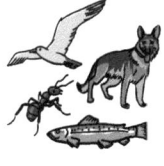

ژوی
loomad

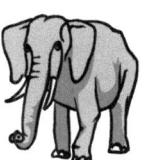

هاتي
elevant

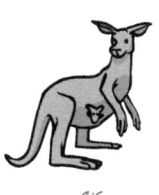

کنګرو
känguru

د اوبو اسپ
ninasarvik

ګوریلا
gorilla

ایږه
karu

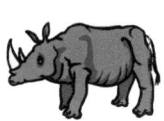

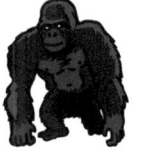

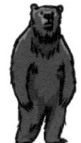

اوښ

kaamel

شترمرغ

jaanalind

زمرى

lõvi

بيزو

ahv

غزى

flamingo

طوطي

papagoi

قطبي ايره

jääkaru

پينګوين

pingviin

شارک

hai

طاوس

paabulind

مار

madu

تمساح

krokodill

ژوبن ساتونکى

loomaaiatalitaja

سيل

hüljes

جگوار

jaaguar

بابو
..................
poni

پرانگ
..................
leopard

هيپو
..................
jõehobu

زرافه
..................
kaelkirjak

باز
..................
kotkas

نرخوک
..................
metssiga

کب
..................
kala

 شمشتی
..................
kilpkonn

سمندري نولی
..................
morsk

گیدره
..................
rebane

هوسی
..................
gasell

امریکایی فټبال
Ameerika jalgpall

سایکل ځغلول
jalgrattasõit

تېنیس
tennis

باسکیټبال
korvpall

لامبو
ujumine

د کنګل هاکي
jäähoki

باکسینګ
poksimine

فټبال
jalgpall

کسمیزه
sulgpall

د ځغاستي لوبي
kergejõustik

د هندبال
käsipall

سکي
suusatamine

پولو
polo

# فعاليتونه

# tegevused

ټوپ وهل
hüppama
غاړه ورکول
kallistama
خندل
naerma
ګرځېدل
jalutama
سندري ويل
laulma
خوب ليدل
unistama
عبادت كول
palvetama
مچو كول
suudlema

ليكل

kirjutama

كښل

joonistama

ښودل

näitama

ټيله كول

lükkama

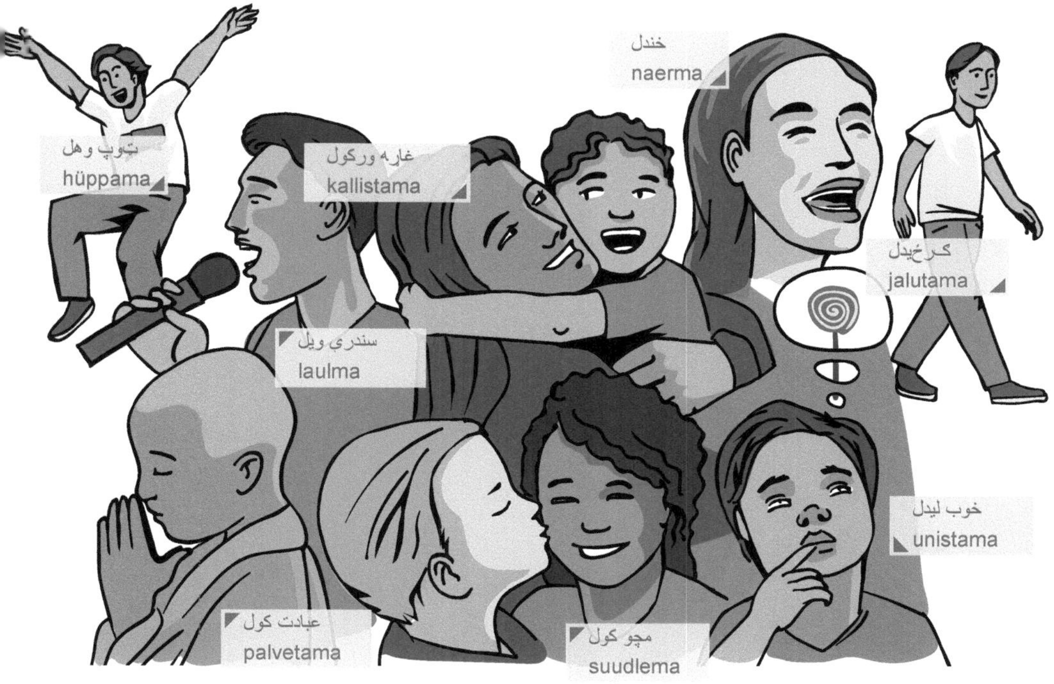

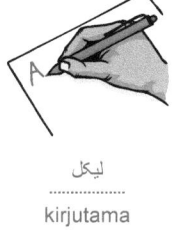

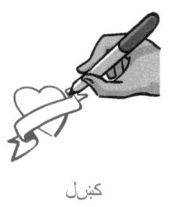

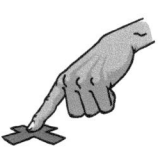

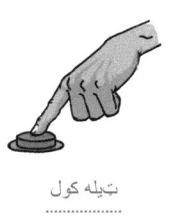

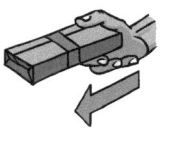

وركول

andma

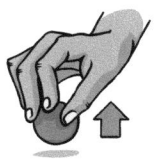

اخيستل

võtma

دلولردل

omama

كول

tegema

پاييدل

olema

ودريدل

seisma

هل وىدنم

jooksma

راكنرل

tõmbama

كـوزارل

viskama

لويدل

kukkuma

لتساملاطخ

lamama

انتظار كول

ootama

ورل

kandma

كنرينناستل

istuma

پوبراك اغوستل

riidesse panema

وىده كيدل

magama

پاخيدل

ärkama

کتل
vaatama

ژرل
nutma

بريد كول
paitama

کمذخ کول
kammima

خبرى كول
rääkima

پوهيدل
aru saama

غوبن تل
küsima

اوريدل
kuulama

خبن ل
jooma

خورل
sööma

پاكول
korrastama

مينه كول
armastama

پخلى كول
süüa tegema

موتر چلول
sõitma

الوتل
lendama

بیری چلول

purjetama

حساب

arvutama

لوستل

lugema

زده کول

õppima

کار کول

töötama

واده کول

abielluma

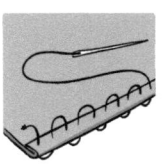

ګنډل

õmblema

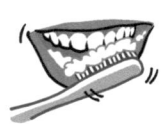

د غاښونو برس کول

hambaid pesema

وژل

tapma

سګرټ څښل

suitsetama

لیرل

saatma

# کورنۍ

# perekond

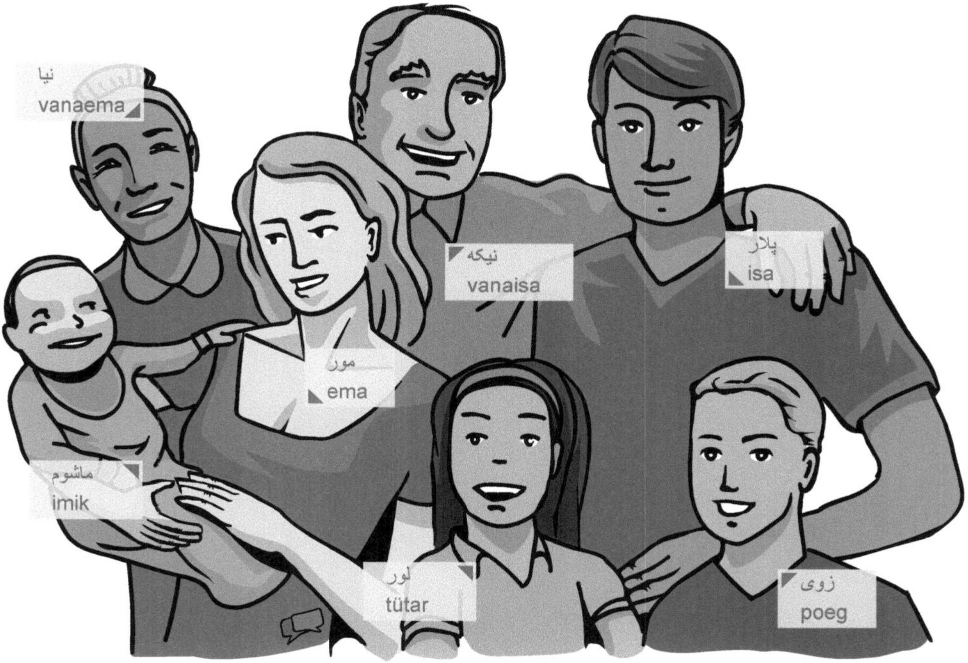

نیا
vanaema
نیکه
vanaisa
پلار
isa
مور
ema
ماشوم
imik
لور
tütar
زوی
poeg


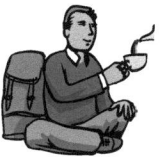

میلمه

külaline

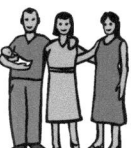

ترور

tädi

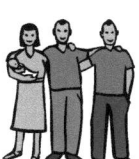

کاکا/ماما

onu

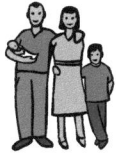

ورور

vend

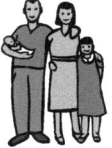

خور

õde

| | |
|---|---|
| تندى | otsmik |
| سترکی | silm |
| مخ | nägu |
| زنه | lõug |
| سينه | rind |
| کوته | sõrm |
| لاس | käsi |
| مت | käsivars |
| اوره | õlg |
| پنجه | jalg |

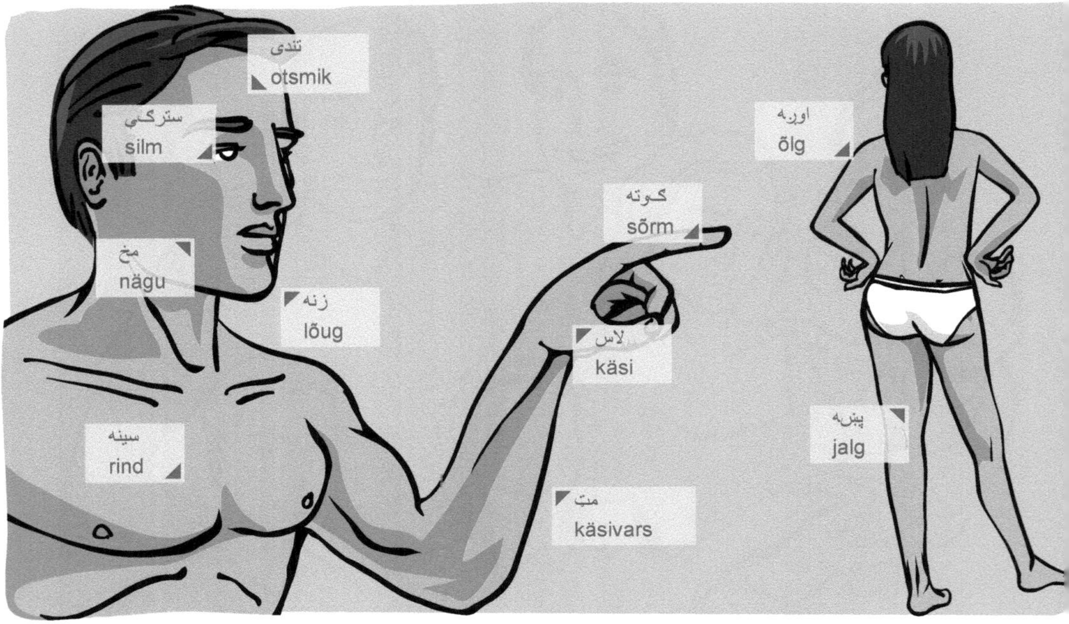

ماشوم
.................
imik

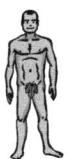

سری
.................
mees

بنـخـه
.................
naine

انجلی
.................
tüdruk

هلک
.................
poiss

سر
.................
pea

شا
.............
selg

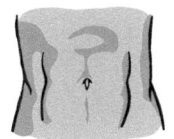

خیتـه
.............
kõht

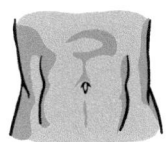

نوم
.............
naba

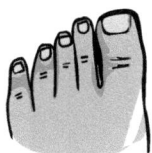

د پښي گـوتـه
.............
varvas

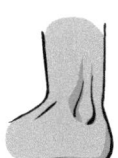

پونده
.............
kand

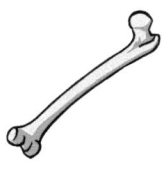

هډوکی
.............
luu

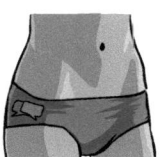

کوناتی
.............
puus

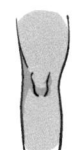

زنگـون
.............
põlv

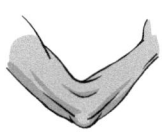

څنګل
.............
küünarnukk

پوزه
.............
nina

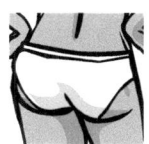

لاندی برخه
.............
tagumik

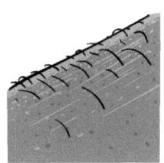

پوتـکی
.............
nahk

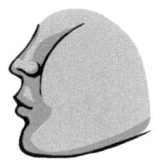

غومبوری
.............
põsk

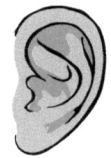

غوږ
.............
kõrv

ښوندﻪ
.............
huuled

خوله

suu

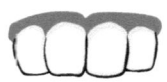

غاښ

hammas

ژبه

keel

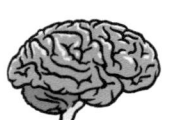

مغز

aju

زړه

süda

عضله

lihas

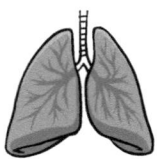

سږی

kops

ځيګر

maks

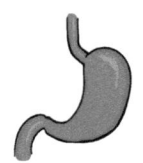

معده

magu

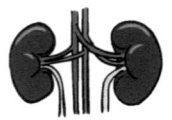

پښتورګي

neerud

جنسي نږدي والی

seksuaalvahekord

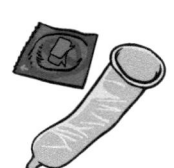

کاندوم

kondoom

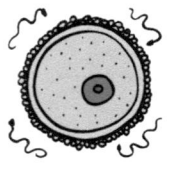

تخمه

munarakk

منی

sperma

حمل

rasedus

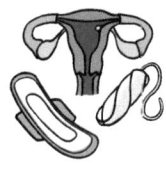

حيض

menstruatsioon

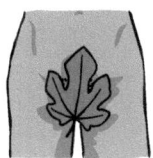

مهبل

vagiina

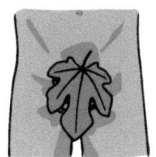

د نارينه تناسلي آله

peenis

وروخى

kulm

ويښته

juuksed

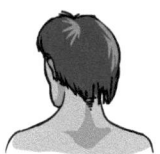

غاړه

kael

# روغتون
# haigla

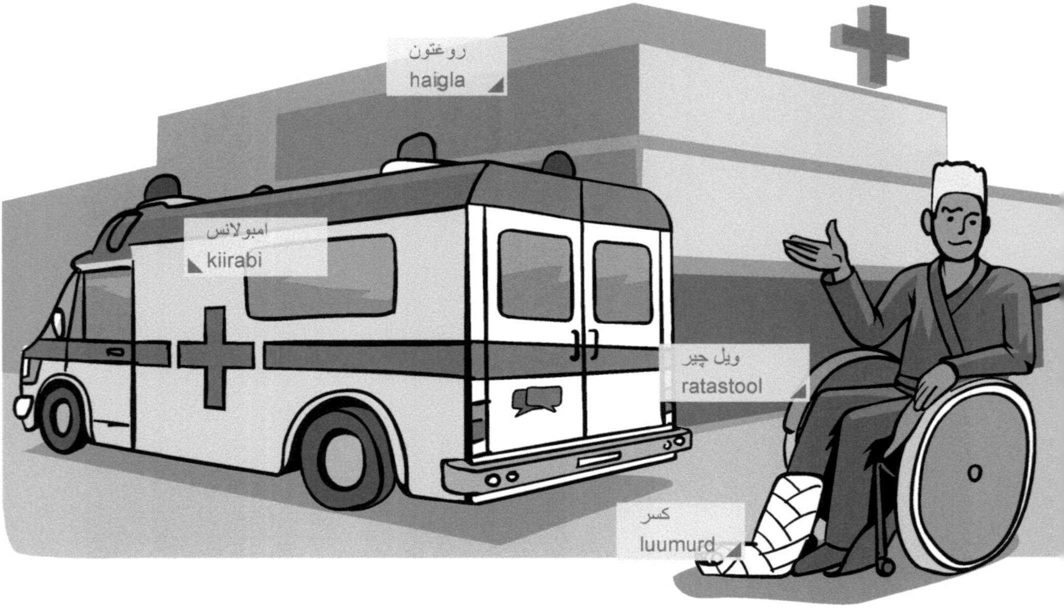

روغتون
haigla
امبولانس
kiirabi
ویل چیر
ratastool
کسر
luumurd


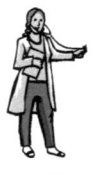

داکتر
arst

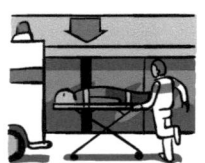

عاجل خونه
traumapunkt

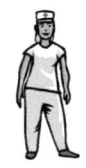

رنځورپال
meditsiiniõde

عاجل
hädaolukord

بې هوش
teadvuseta

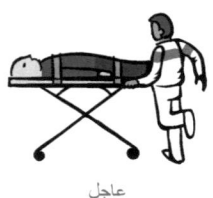

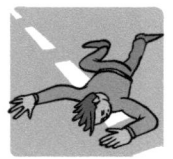

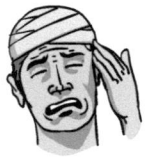

درد
valu

پتت
..................
vigastus

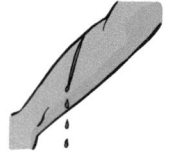

لدیوت هنیو
..................
verejooks

هلمح هزرز د
..................
südamerabandus

برض
..................
insult

تیساسح
..................
allergia

یخوت
..................
köha

هبت
..................
palavik

ازنیولفنا
..................
gripp

یتسان نس
..................
kõhulahtisus

رس درد
..................
peavalu

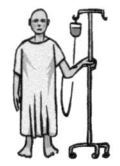

ناطرس
..................
vähk

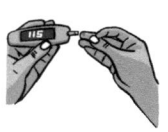

رکش
..................
diabeet

حارج
..................
kirurg

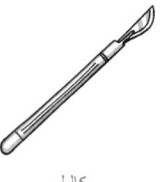

لیلاکس
..................
skalpell

تایلمع
..................
operatsioon

سيڼتي

KT

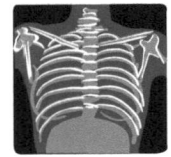

ایکس رى

röntgen

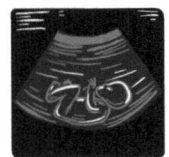

التراساوند

ultraheli

د مخ ماسک

mask

ناروغي

haigus

انتظار خونه

ooteruum

امساً

kark

پلستر

kips

بنداژ

side

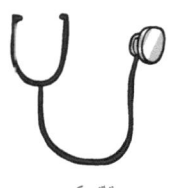

تزریق

süst

ستاتسکوپ

stetoskoop

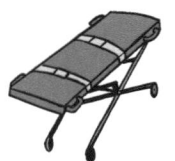

تسکيره

kanderaam

کلينکي ترماميتر

kraadiklaas

زيږون

sünd

زيات وزن

ülekaaluline

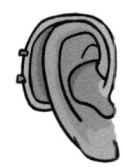

د اوريدو مرسته

kuuldeaparaat

د عفونيت ﺧﺨﻪ ﭘﺎﻛﻮﻧﻜﻲ مواد

desinfektsioonivahend

عفونيت

põletik

ويروس

viirus

ايچ.آی.وی/ايډز

HIV / AIDS

ملرد

meditsiin

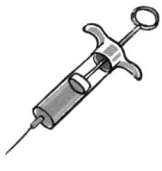

واكسين

vaktsineerimine

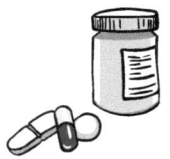

تابليټس

tabletid

ﻛﻮﻟﯽ

pill

عاجل تليفون

hädaabikõne

د وينی د فشار ﺧﺎرونكی

vererõhuaparaat

ناروغ/روغ

haige / terve

مرسته!

Appi!

الارم

häire

يرغل

kallaletung

بريد

rünnak

خطر

oht

عاجل لاره

avariiväljapääs

اورا!

Tulekahju!

د اور وژونكى

tulekustuti

هـپيش

õnnetus

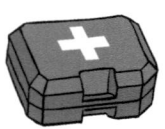

د لومړی مرستي لوازم

esmaabikomplekt

ايس.او.ايس

SOS

پوليس

politsei

اروپا

Euroopa

شمالي امريکا

Põhja-Ameerika

سهیلي امریکا

Lõuna-Ameerika

افریقا

Aafrika

آسیا

Aasia

آسترالیا

Austraalia

اتلانتیک

Atlandi ookean

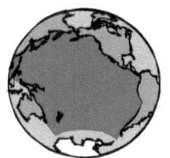

پاسیفیک

Vaikne ookean

د هند بحر

India ookean

جنوبي منجمد بحر

Lõuna-Jäämeri

د شمال قطب بحر

Põhja-Jäämeri

شمالي قطب

põhjapoolus

سھیلی قطب
...................
lõunapoolus

انتٸارکتٸیکا
...................
Antarktika

خُمکه
...................
Maa

خُمکه
...................
maismaa

بحر
...................
meri

تٸاپو
...................
saar

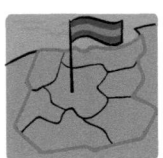

ملٸت
...................
rahvus

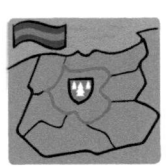

دولٸت
...................
riik

د مخي ساعت

sihverplaat

د ساعت ستنه

tunniosuti

د دقيقي ستنه

minutiosuti

د ثانيي ستنه

sekundiosuti

څه وخت دی؟

Mis kell on?

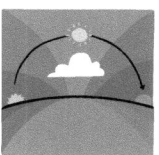

خ ورو

päev

وخت

aeg

او س

praegu

ساعت دیجیتل

digitaalne kell

دقیقه

minut

ساعت

tund

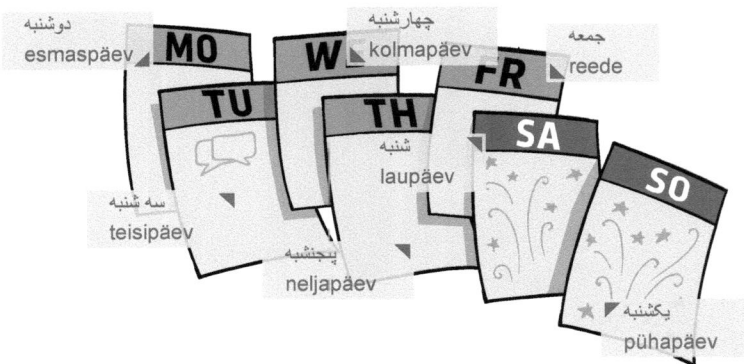

دوشنبه esmaspäev — **MO**

چهارشنبه kolmapäev — **W**

جمعه reede — **FR**

**TU**

**TH**

**SA**

شنبه laupäev

سه شنبه teisipäev

پنجشنبه neljapäev

**SO**

یکشنبه pühapäev

پرون

eile

نن

täna

سبا

homme

سهار

hommik

غرمه

lõuna

ماښام

õhtu

MO TU WE TH FR SA SU
| 1 | 2 | 3 | 4 | 5 | 6 | 7 |
| 8 | 9 | 10 | 11 | 12 | 13 | 14 |
| 15 | 16 | 17 | 18 | 19 | 20 | 21 |
| 22 | 23 | 24 | 25 | 26 | 27 | 28 |
| 29 | 30 | 31 | 1 | 2 | 3 | 4 |

کاري ورځی

tööpäevad

MO TU WE TH FR SA SU
| 1 | 2 | 3 | 4 | 5 | 6 | 7 |
| 8 | 9 | 10 | 11 | 12 | 13 | 14 |
| 15 | 16 | 17 | 18 | 19 | 20 | 21 |
| 22 | 23 | 24 | 25 | 26 | 27 | 28 |
| 29 | 30 | 31 | 1 | 2 | 3 | 4 |

د اونۍ پای

nädalavahetus

# کال

## aasta

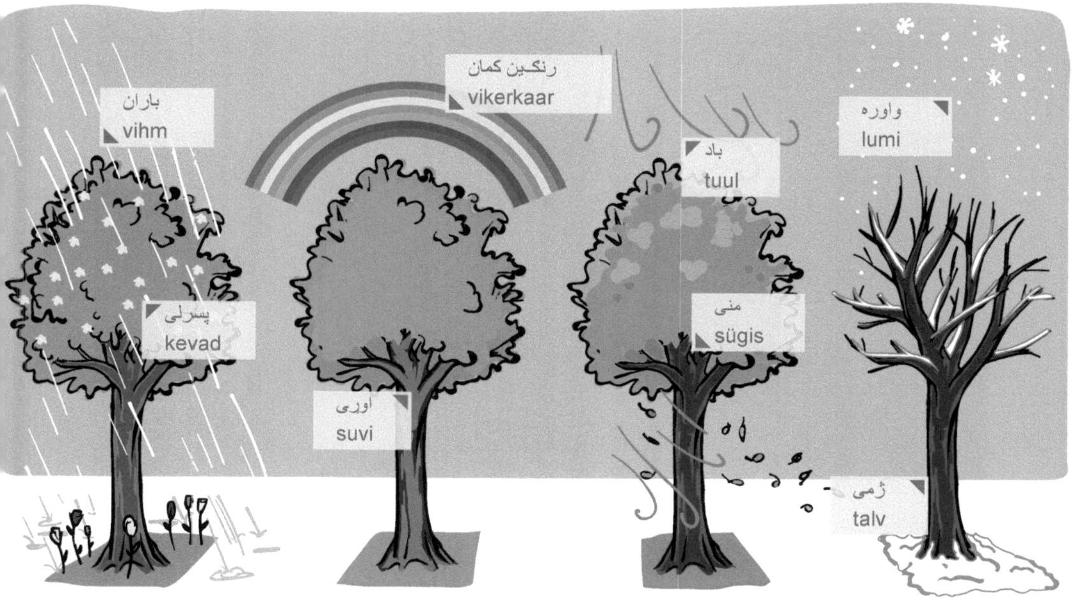

باران
vihm
رنګین کمان
vikerkaar
باد
tuul
واوره
lumi
پسرلی
kevad
منی
sügis
اوړی
suvi
ژمی
talv


4.APRIL 11°
5.APRIL 4°
6.APRIL 13°
7.APRIL 8°
8.APRIL 10°


د موسم وړاندوینه

ilmaennustus

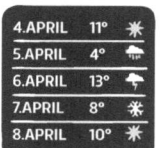

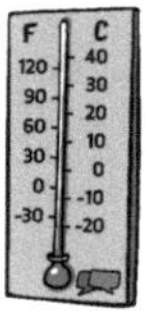

F
C
120
90
60
30
0
-30
40
30
20
10
0
-10
-20


ترمومیټر

termomeeter

د لمر وړانګې

päikesepaiste

وریځ

pilv

لړه

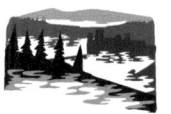

udu

رطوبت

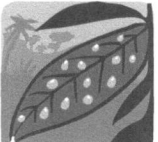

niiskus

رپڼا

pikne

تندر

kõu

توفان

torm

ږلۍ وريدل

rahe

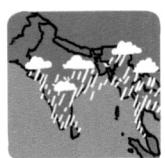

مون سون باران

mussoon

سيلاب

üleujutus

يخ

jää

جنوري

jaanuar

فبروري

veebruar

مارچ

märts

اپرېل

aprill

مۍ

mai

جون

juuni

جولای

juuli

اګست

august

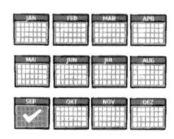

سپتمبر
...............
september

اکتوبر
...............
oktoober

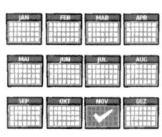

نومبر
...............
november

دسمبر
...............
detsember

## شکلونه

## kujundid

دایره
...............
ring

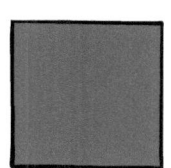

مربع
...............
ruut

مستطیل
...............
nelinurk

مثلث
...............
kolmnurk

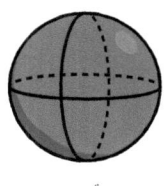

توپ
...............
kera

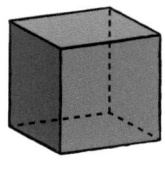

فال
...............
kuup

# värvid

سپين
valge

ژير
kollane

نارنجي
oranž

گلابي
roosa

سور
punane

ارغواني
lilla

نيلي
sinine

شين
roheline

نسواري
pruun

خر
hall

تور
must

خورا ڼير/خورا ڼر

palju / vähe

مارا/قار

vihane / rahulik

ښکليدبدښکله

ilus / inetu

ياى/پيلا

algus / lõpp

ىنچوك/ويل

suur / väike

هرايتى/هناښوبور

hele / tume

رور/خور

vend / õde

ككر/پاك

puhas / must

لمكمانا/لمكم

täielik / puudulik

شپه/خرو

päev / öö

مر/لاوندى

surnud / elus

پراخه/نزى

lai / kitsas

د خوراک ور/نه خورل كيدونكى

söödav / mittesöödav

بد/مهربان

kuri / sõbralik

پاريدلى/بى خونده

põnevil / tüdinud

چاق/وچ

paks / peenike

لومړى/وروستى

esimene / viimane

ملګرى/دښمن

sõber / vaenlane

ډك/تش

täis / tühi

سخت/نرم

kõva / pehme

دروند/سپک

raske / kerge

لوړ/ه/تنده

nälg / janu

ناروغ/روغ

haige / terve

غيرقانوني/قانوني

ebaseaduslik / seaduslik

هوښيار/ساده

tark / rumal

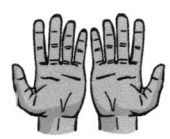

كين/ښيى

vasak / parem

نزدې/لرې

lähedal / kaugel

روز/نو

uus / kasutatud

هه‌څه‌/هیڅ

mitte midagi / midagi

نوزاد/چرخ

vana / noor

بند/لاړ

sees / väljas

خلاص/ترلی

lahti / kinni

غږ/لوړ غږ

vaikne / vali

بډایه/غریب

rikas / vaene

صحیح/غلط

õige / vale

زیږ/ملایم

kare / sile

خفه/خوښ

kurb / rõõmus

لنډ/اوږد

lühike / pikk

سست/ګرندی

aeglane / kiire

لوند/وچ

märg / kuiv

ګرم/یخ

soe / jahe

جګړه/سوله

sõda / rahu

**0**

صفر

null

**1**

يو

üks

**2**

دوه

kaks

**3**

دري

kolm

**4**

خلولر

neli

**5**

پذخه

viis

**6**

شمپير

kuus

**7**

او ه

seitse

**8**

اته

kaheksa

**9**

نهه

üheksa

**10**

لس

kümme

**11**

يولس

üksteist

**12**

سولد

kaksteist

**13**

سلاريد

kolmteist

**14**

سلاروﭻ

neliteist

**15**

سلخنپ

viisteist

**16**

سراپش

kuusteist

**17**

سولوو

seitseteist

**18**

سلتا

kaheksateist

**19**

سلون

üheksateist

**20**

شل

kakskümmend

**100**

لس

sada

**1.000**

رز

tuhat

**1.000.000**

ميليون

miljon

انگلسي

inglise

امريکايي انگلسي

Ameerika inglise

چينايي مندرين

mandariini

هندي

hindi

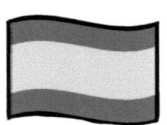

هسپانوي

hispaania

فرانسوي

prantsuse

عربي

araabia

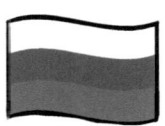

روسي

vene

پرتگالي

portugali

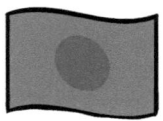

بنگالي

bengali

ألماني

saksa

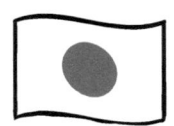

جاپاني

jaapani

زه

mina

ته

sina

هغه/د غه/دا

tema

موږ

meie

تاسې

teie

دوی/هغوی

nemad

ژوک؟

kes?

څه؟

mis?

څنگه؟

kuidas?

چیري؟

kus?

کله؟

millal?

نوم

nimi

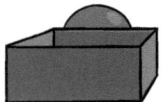

شاتە
.................
taga

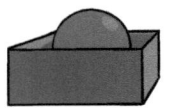

پە
.................
sees

پە مخە کی
.................
ees

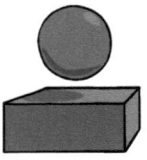

باندی
.................
kohal

پە
.................
peal

لاندي
.................
all

برسیرە پر
.................
kõrval

ترمینځ
.................
vahel

خای
.................
koht